http://www.edicionesinvasoras.com
D.L. ZA 86-2024
ISBN: 978-84-18885-44-0

EXPLICO
A MÍ
POCO A POCO
SENTIDO
PALABRAS

Xabier López Askasibar

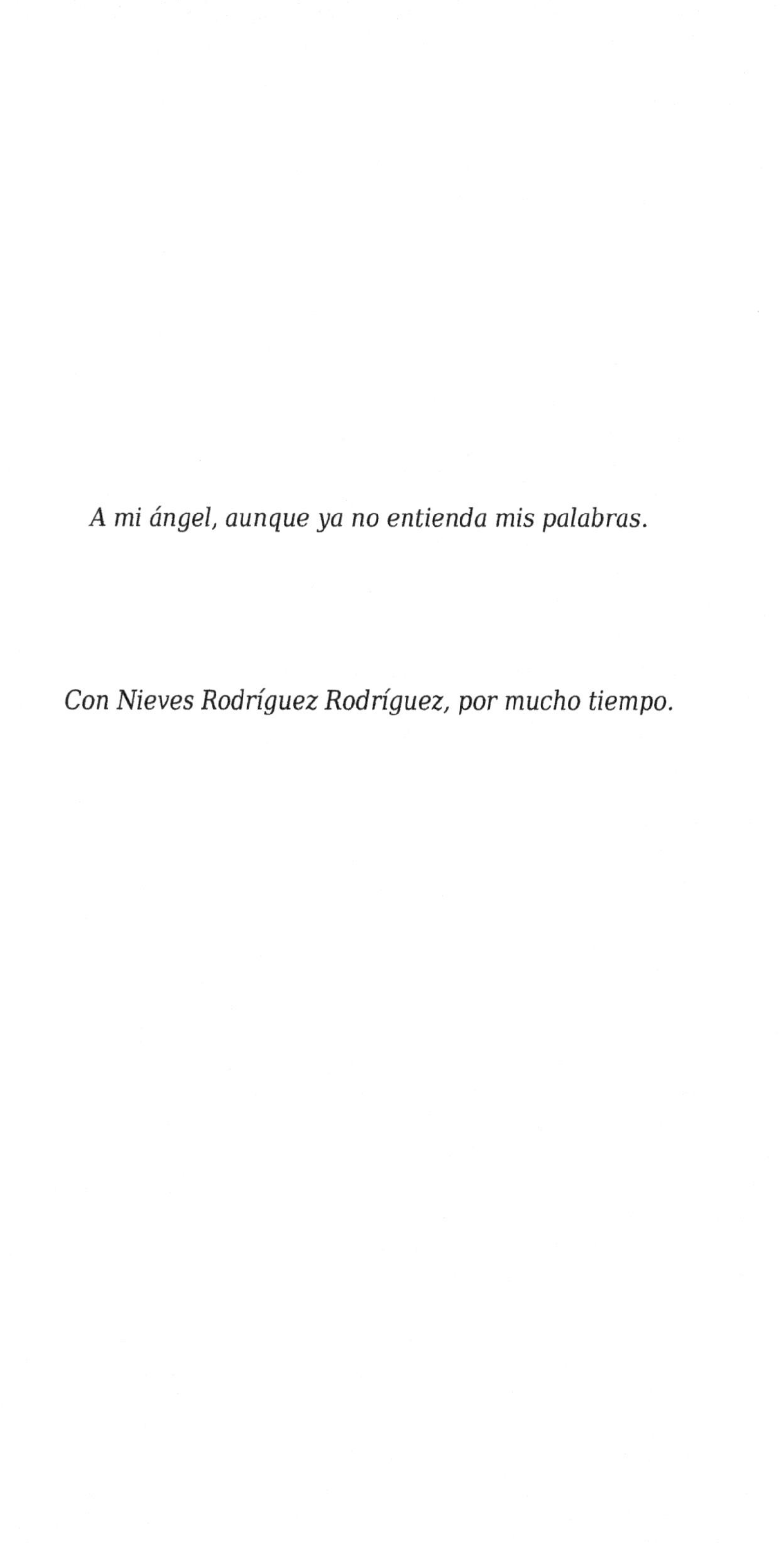

A mi ángel, aunque ya no entienda mis palabras.

Con Nieves Rodríguez Rodríguez, por mucho tiempo.

que los nombres existen, nombres como narval,
ortiga, nombres como clavel, búho
nombres como chotacabras, ruiseñor, luna nueva
nombres como onagráceas, náyades y los diferentes
nombres donde una palabra cuando se nombra es un
perfume

Alfabeto

INGER CHRISTENSEN

Al vivir nada nos sale bien,
porque en la vida no hay palabras tras las que esconderse:
las palabras sólo están en los libros.
Es por eso por lo que me siento mejor leyendo que viviendo.

Hombres que caminan solos

JOSÉ IGNACIO CARNERO

Adversidad. ***f.*** Sala de pesas del alma.

Verbolario

RODRIGO CORTÉS

Dramatis Personae

HIJO

MADRE

PADRE

HERMANA

DIARIO

WELCOME TO PARADISE

familia

Del lat. familia.

1. Grupo de personas que aunque no se aguanten viven juntas por ser parientes consanguíneos.

Cocina.

Madre e hijo.

Un día.

MADRE.- ¿Quieres café?

HIJO.- Pero estaba bien, ¿no?

Pausa.

HIJO.- La última vez que lo vi estaba hecho todo un chaval.

Silencio.

HIJO.- Solo. Café solo.

Silencio.

La madre prepara café.

HIJO.- No entiendo que lo hayan tenido tan poco tiempo en el hospital... Lo de la sanidad pública es terrible... Una amiga mía me contó que a su madre...

MADRE.- Cállate un poco, anda.

Pausa.

HIJO.- Tres días y a casa, hala, no lo entiendo...

MADRE.- Yo tampoco entiendo que te haya costado llegar varios días desde que te llamamos, manda narices.

HIJO.- Es que...

MADRE.- Vives a tres horas de aquí.

HIJO.- Tengo problemas en el trabajo. He venido en cuanto... Además he estado todo el tiempo en contacto con vosotras...

MADRE.- Es tu padre.

Pausa.

HIJO.- Pero...

MADRE.- Tu padre al que le ha dado un ictus, ¿recuerdas? No es un dolor de muelas, ni unas anginas. Es un ictus. Casi se muere.

Silencio.

HIJO.- Echaba mucho de menos tu café, mamá. En la universidad solo tenemos café de máquina y es asqueroso. Tendré que comprarme la marca que usas tú, ¿cómo era? Ma... Ma algo, ¿no? Figúrate, estos días no me salen los nombres de las cosas bien. No hago más que equivocarme con las palabras. Quiero decir simbiosis y digo necrosis. Quiero decir exceso y digo deceso. Parezco medio tonto ante los alumnos. Ma... Ma. Bueno, da igual, lo buscaré en el súper del barrio, que allí hay de todo... Tiene que ser la marca, a mí en casa no me sale igual. Tendré que comprarlo, preparármelo y llevar un termo al trabajo. Porque no sabes lo insoportables que son los alumnos, tengo que beber litros de café para aguantarlos.

Pausa.

MADRE.- ¿No has pensado en tomarte un tiempo...?

HIJO.- ¿Un tiempo?

MADRE.- Sí, un tiempo para estar con nosotros.

HIJO.- Ahora estoy con vosotros.

MADRE.- Sabes que no me refiero a eso.

Pausa.

HIJO.- Tu café es cojonudo, mamá, de verdad.

MADRE.- ¡Vete a la mierda, Dani!

HIJO.- Chiss, no grites.

MADRE.- No se entera de nada, está viendo la televisión.

Pausa.

HIJO.- ¿Se le puede dejar solo?

MADRE.- A veces pareces idiota, tanto profesor de universidad, tanto profesor de universidad, pero a veces pareces idiota... No podemos estar todo el rato encima de él, tu hermana tiene que cuidar a sus hijos y yo tengo que aprovechar cuando se adormila para hacer cosas en casa. Que las tareas no se hacen solas. Lo sabes, ¿verdad?

HIJO.- Ya... Pero...

MADRE.- Ya pero, ya pero... ¿O es que el señorito ha contratado a alguien para que le haga la casa? ¿Es eso?

HIJO.- No, no he contratado a nadie.

Pausa.

HIJO.- No discutamos, ¿vale? *(Pausa.)* Estás enfadada, ¿no?

MADRE.- Eres muy... ¿perspicaz? Sí, esa es la palabra que usarías tú. Pers-pi-caz. A veces sale en los autodefinidos.

HIJO.- Mamá, por favor.

MADRE.- Te ha costado cuatro días venir a casa. Ni siquiera has llegado a estar con tu padre ni unas horas en el hospital...

HIJO.- Pero... os he traído dulces de los que os gustan. De los caros. Que con este café es lo mejor que se puede tomar...

MADRE.- Me cagaría en tu madre si no es porque soy yo.

HIJO.- Vamos a calmarnos, por favor.

MADRE.- Vete a estar un rato con tu padre, anda, y déjame que acabe de ordenar esto un poco si no quieres que te arree una leche.

Pausa.

HIJO.- Pero, mamá...

MADRE.- Que me dejes sola un momento.

enfermedad

Del lat. Infirmitas. Aegritudo. Morbus. Torpus. Dogus. Lomus. Serranus. Ibéricus.

1. La indisposición que uno padece quebrando de salud el cuerpo **o** el alma.

2. Sobre todo la indisposición que quiebra de salud el cuerpo **y** el alma de los cuidadores.

Las enfermedades agudas requieren medicinas, drogas u otras sustancias químicas prestas y valerosas.

Al poco rato.

Salón.

Padre sentado en el sofá.

Hijo a su lado.

HIJO.- Hola, papá. Soy yo otra vez.

PADRE.- Uno, dos, tres, cua...

HIJO.- ¿Cuatro?

PADRE.- Cuatro, cuatro y medio. Uno, dos, tres, cutaro y medio, cutro y medio.

HIJO.- Muy bien, papá. ¿Quieres que contemos juntos?

PAPÁ.- Cutaro y medio.

HIJO.- Muy bien, papá.

PAPÁ.- Cutaro y medio.

HIJO.- Cada vez lo dices mejor.

PAPÁ.- ¿Tú quién eres?

Pausa.

HIJO.- Soy Daniel, ¿te acuerdas? Hemos estado antes, hace un rato, estabas medio dormido.

PADRE.- Ah, Nerea.

HIJO.- Nerea es tu hija, mi hermana, yo soy... Daniel.

PADRE.- La otra Nerea.

HIJO.- No, la otra Nerea no, Daniel.

PADRE.- Nerea.

HIJO.- Escucha, papá, repite conmigo: Da-ni-el.

PADRE.- Ne-re-a

HIJO.- Daniel.

PADRE.- Nerea.

HIJO.- Daniel.

PADRE.- Nerea.

HIJO.- Me estás vacilando, ¿no?

PADRE.- ¿Qué?

HIJO.- Déjalo, papá, llámame como te dé la gana y haz lo que quieras.

PADRE.- ¿Qué quiero? Caminar. ¿Vamos a pasear?

HIJO.- No decía eso, papá.

PADRE.- Zapatillas de deporte.

HIJO.- No, papá, no puedes salir todavía.

PADRE.- Zapatillas de deporte.

HIJO.- No, papá, no vamos a salir, hace frío.

PADRE.- ¡Zapatillas de deporte!

El padre se pone a estirar en el salón.

PADRE.- Un, dos, tres, cutaro, un, dos, tres...

HIJO.- No me jodas.

PADRE.- Conmigo... estira...

HIJO.- Papá, tú todavía no puedes salir de casa, estás malo.

PADRE.- ¿Qué dices? Yo no estoy malo. Tú eres malo, Nerea. Yo no estoy malo. Yo no estoy malo. Yo no estoy malo.

El padre lloriquea falsamente.

PADRE.- Quiero salir, salir, salir... No me de dejas, eres malo, no me de dejas salir.

HIJO.- ¡Ya está bien, papá! Mira, hablo con mamá y según lo que me diga, damos un paseo o lo dejamos para otro día, ¿te parece?

Pausa.

PADRE.- Vale.

HIJO.- Ahora siéntate, por favor.

Silencio.

El padre se sienta.

PADRE.- ¿Sabes?

HIJO.- ¿Qué?

PADRE.- Tu madre es muy guapa.

HIJO.- Pues sí.

PADRE.- Y tiene mucha palencia conmigo.

HIJO.- No me lo quiero ni imaginar.

Pausa.

PADRE.- Pero, poco-a-poco yo aprendo.

HIJO.- Sí, poco a poco.

Pausa.

PADRE.- ¿Sabes?

HIJO.- ¿Qué, papá?

PADRE.- Tú eres el más guapo de todos mis hijos.

HIJO.- Claro que sí. Preferiría ser el más listo, mejor me iría en la vida, pero qué le vamos a hacer.

PADRE.- Ay, qué bonito eres.

HIJO.- Joder, es que encima no me puedo enfadar contigo si me dices esas cosas.

PADRE.- Yo, poco-a-poco. No te enfades.

HIJO.- No me enfado, papá.

PADRE.- Tranquilo, eh.

HIJO.- Estoy tranquilo.

PADRE.- ¿Vamos a pasear, Daniel?

HIJO.- Serás cabrón. Ahora sí que te sabes mi nombre, ¿no?

PADRE.- ¿Qué?

HIJO.- Nada, nada.

PADRE.- ¿Entonces salimos a pasear?

conexión

Del lat. connexio.

1. Unión que se establece entre una o varias personas para que haya una relación o una comunicación o un negocio o un tejemaneje o un aquí te pillo aquí te mato o un lavar los trapos sucios o pues eso.

Tu hermano y yo no conectamos nada de nada, tía.

2. Estar on-line.

Esa misma noche.

Balcón.

Silencio.

HIJO.- ¿Me pasas el mechero?

HERMANA.- No te voy a dar un cigarro, me quedan pocos; además creía que tú ya no fumabas...

HIJO.- No, si solo quiero el mechero.

HERMANA.- Toma.

Pausa.

HERMANA.- Quieto, pirómano. Ahí va un cigarro.

HIJO.- Gracias.

Pausa.

HIJO.- Es como cuando eramos adolescentes, ¿verdad?

Pausa.

HERMANA.- Bueno, tendremos que hablar tú y yo, ¿no?

HIJO.- ¿De qué tenemos que hablar?

HERMANA.- A veces no sé si te haces el tonto o lo eres...

HIJO.- ¿Qué?

HERMANA.- Hablar sobre lo que le ha pasado a papá.

HIJO.- Ah, claro.

HERMANA.- Para eso te he sacado aquí, no para fumar.

HIJO.- ¿Cómo ves a papá?

HERMANA.- ¿Cómo lo has visto tú?

HIJO.- Tirando a mal.

HERMANA.- Pues eso.

Pausa.

HIJO.- Nos reconoce a todos y puede moverse sin problema.

HERMANA.- Fíjate, eso mismo decían en el hospital, que teníamos suerte.

HIJO.- Y la tenemos.

HERMANA.- Todavía no ha acertado a llamarme por mi nombre ningún día.

HIJO.- Los médicos dicen que necesita su tiempo.

HERMANA.- Qué sabrás tú.

HIJO.- ¿Cómo?

HERMANA.- Da igual, déjalo.

HIJO.- Algo has dicho.

HERMANA.- Que si vas a quedarte mucho tiempo.

HIJO.- Me voy el lunes, pero vendré todo los fines de semana que pueda.

HERMANA.- Ya.

HIJO.- Ya, ¿qué?

HERMANA.- Que pocos médicos vas a poder ver tú así.

HIJO.- Vale, estamos con ese tema.

Silencio.

HERMANA.- Anoche me encontré a mamá llorando.

HIJO.- ¿En serio?

HERMANA.- No, de broma.

HIJO.- Como conmigo está tan dura, no me imaginaba que...

HERMANA.- ¿Cuándo hemos mostrado los sentimientos en esta casa?

Silencio.

HIJO.- ¿Tienes algún plan de acción?

HERMANA.- ¿Yo?

HIJO.- Tú eres la que siempre arregla las cosas en la familia.

HERMANA.- ¿De verdad?

HIJO.- Sí, yo soy el desastre y tú la que nos saca de los problemas.

HERMANA.- No, perdona, yo soy la que se encarga de tus padres, porque dejé los estudios al quedarme embarazada. No te equivoques.

HIJO.- Todo el mundo recurre a ti.

HERMANA.- Porque es cómodo o... porque tú pasas de todo.

HIJO.- ¿Yo paso de todo? ¿Eso crees?

HERMANA.- Pues sí.

HIJO.- ¿En serio?

HERMANA.- Pero como eres el niño mimado, no lo ven o se te perdonan las cosas.

Pausa.

HIJO.- Y yo que pensaba que siempre les estaba decepcionando.

HERMANA.- Estás muy equivocado. Pero bueno, vamos al lío... ¿Qué hacemos con tu padre?

HIJO.- No sé. ¿A qué te refieres?

HERMANA.- ¿Cómo nos organizamos para ayudar a mamá?

HIJO.- Tiene varias citas con los médicos, ¿verdad?

HERMANA.- Unas cuantas.

HIJO.- Intentaré pedir unos días libres en el trabajo para estar más tiempo aquí y vamos viendo cómo progresa.

HERMANA.- Bueno, es un paso. Aunque creo que deberíamos pedir ayuda profesional, ¿no te parece?

HIJO.- Según lo que nos digan vamos decidiendo. ¿Qué más?

HERMANA.- Jo, te iba a soltar un rapapolvos que no veas, pero ahora mismo estoy agotada; llevo la semana entera sin dormir. Como vas a estar aquí todo el finde... ¿Te parece que sigamos hablando mañana?

HIJO.- Vale, sí, descansa.

HERMANA.- ¿Me devuelves el mechero? No vaya a ser que quemes la casa.

No hay tiempo.

Cocina.

Madre e hijo

Un abrazo.

MADRE.- Este espacio va a ser para ti y para mí. Para nadie más.

HIJO.- Ah.

MADRE.- Para contarnos nuestras cosas.

HIJO.- Ah.

MADRE.- Puede ser un espacio real o inventado.

HIJO.- Ah.

MADRE.- ¿Qué te parece?

HIJO.- Bien... esto... no sé.

MADRE.- Ay, pues por una vez podías saber, coño.

del árbol caído todos quieren hacer leña.

El otro día soñé que talábamos el árbol que corona el salón.

El que da cobijo a las aves rapaces y a las ardillas trepadoras.

El que nos ha dado sombra durante tantos años.

Lo habíamos decidido toda la familia en asamblea, estábamos todos de acuerdo: si un árbol enferma, su mal se puede extender por todo el bosque provocando una enorme plaga.

Lo mejor es cortar de raíz.

Cogí un hacha afilada por ser el más joven de la casa:

- No es cuestión de fortaleza, es cuestión de decisión.

Y golpeé, golpeé, golpeé... con todas mis fuerzas.

Me sentía eufórico, casi furioso.

Como si fuese mi principal misión en la vida.

Y golpeé hasta que el árbol empezó a tambalearse.

Cuando el árbol comenzó a caer lentamente, infinidad de letras sueltas rodaron por sus ramas, ideas inconclusas se precipitaban entre sus hojas, vocales y consonantes que querían volver a crear discursos y no lo conseguían: recuerdos de viejos reproches, insultos de niño pequeño, sarcasmos de mayores, llantos no llorados, miradas que ocultan decepción, la letra pequeña en un contrato de amistad, fotografías con dedos incrustados, todo lo que no se había dicho hasta entonces, besos en la mejilla, más besos, más besos, más besos...

Entonces sentí tanto amor que se me nubló el corazón, mi mano se quedó de pronto sin fuerzas, se me cayó el arma al suelo...

Era un arma sin argumentos.

Y retumbaron las letras de ese sentimiento en mi cerebro.

A-M-O-R.

Una palabra que yo nunca pronuncio.

Esa palabra tan cursi.

Nunca pensé que podía querer tanto a un viejo árbol.

Abracé su tronco con todas mis fuerzas: casi no lo podía abarcar.

Aquel ser vivo que había sido tan robusto, ahora yacía inerte junto a mis pies.

Pero tenía que ser así.

Porque es ley de vida.

En el sueño ningún vecino se quejó cuando lanzamos sus ramas por la ventana.

Desperté sobresaltado con la conclusión de que no hay ecologistas en mi barrio y me puse a googlear: deforestación del amazonas.

Me sentí tan impresionado con la catástrofe medioambiental que un pedacito de **algo** se desprendió dentro de mí.

Hasta ayer no sabía que existía la palabra ambientalista.

Entonces me di cuenta de que yo podía ser ya uno de aquellos árboles.

Hasta ayer no sabía que mi cuerpo estaba ya en proceso de obsolescencia programada.

Hasta ayer no sabía que mi cuerpo está preparado para morir solo.

Como el del viejo árbol.

Cada vez que miro para atrás solo veo una absoluta pérdida de tiempo en todo lo que he hecho.

Llevo meses inscribiéndome en la piel con finas cuchillas las palabras que tengo que consultar más de una vez en los diccionarios, aquellas con las que siempre dudo: axioma, ontología, epistemología, tautología, pespunte, ácimo, silogismo...

Me las estoy intentando grabar delicadamente como si fuese una obra de arte cárnica.

Pero cada vez son más los conceptos. Y cada vez se repiten más los olvidos.

Mi cuerpo es un mapa de dudas filológicas.

compartir

Del tardío compartir

1. Cuando a un sujeto no le importa repartir algo. Así, a lo loco.

Compartió la merienda con sus amigos porque el bocadillo no era de Nocilla.

2. Partir.com

Una semana después.

Cocina.

Madre y hermana.

HERMANA.- Debes pensar en lo más conveniente para ti.

Pausa.

HERMANA.- Él ya no va a ser nunca más lo que era y lo sabes.

Pausa.

HERMANA.- ¿Y tener al vago de mi hermano rondando por aquí te va a ayudar en algo?

MADRE.- Calla.

Entra el hijo en la cocina secándose el pelo con una toalla.

HIJO.- ¿Nerea? No sabía que estabas en casa. ¿Te quedas a cenar?

HERMANA.- No. Sí. No sé.

MADRE.- Estamos haciendo pizza.

HIJO.- Ah, qué bien.

MADRE.- Tomate y queso. Nada más. Sin mariconadas.

HERMANA.- Mamá, por favor, cuida tu lenguaje.

HIJO.- A ver, ¿puedo hacer yo algo?

Pausa.

HERMANA.- Te han llamado de tu trabajo, ¿no?

HIJO.- Sí, bueno, el jefe de departamento.

HERMANA.- Ah.

HIJO.- Son un poco pesados.

HERMANA.- ¿Y eso?

HIJO.- Me he cogido unos días de asuntos propios, como hablamos, y no paran de llamar.

HERMANA.- Estarán preocupados.

HIJO.- Por papá, ya sabes.

HERMANA.- Pero es raro, ¿no?

HIJO.- ¿Es raro que se preocupen?

Pausa.

HERMANA.- Un poco.

HIJO.- ¿En serio?

HERMANA.- Es un poco raro todo.

Pausa.

HERMANA.- Es raro cuándo has venido, cómo has venido...

HIJO.- Mejor hablamos luego tú y yo, ¿vale? Sigamos con la pizza.

MADRE.- No, no. ¿Ha pasado algo? Si ha pasado algo, lo habláis delante de mí.

HERMANA.- No, mamá, tranquila, es que...

MADRE.- Ni es que, ni osco.

Pausa.

HERMANA.- Está bien... Me ha contado un amigo de tu universidad...

HIJO.- ¿Tienes amigos en mi universidad?

HERMANA.- Alguno... Pero eso da igual... El hecho es que me ha contado...

HIJO.- ¿Qué te ha contado?

HERMANA.- Lo que hiciste.

HIJO.- ¿Y qué hice?

HERMANA.- ¿El otro día fuiste sin zapatos a dar la clase?

MADRE.- ¿Qué?

HIJO.- Joder, todo este misterio es por esa tontería, realmente me habías asustado.

MADRE.- ¿Ir descalzo a clase te parece una tontería?

HIJO.- Una simple anécdota

MADRE.- ¿Una simple anécdota?

HIJO.- A ver, me explico. El otro día estaba repantingado en el seminario y se me hizo tarde, salí corriendo y... Bueno, el caso es que no me di cuenta de que iba en calcetines hasta que llegué al aula. Ya le pedí disculpas al alumnado... Volví corriendo a por los zapatos. Fueron cinco minutos de reloj, os lo juro. Un despiste lo puede tener cualquiera. Además, si vieseis cómo vienen ellos vestidos, si a la mayoría les falta la mitad del pantalón...

HERMANA.- No es solo por eso.

Pausa.

HIJO.- No entiendo.

HERMANA.- Los alumnos se han quejado por el nivel de tus clases.

HIJO.- ¿Qué?

Pausa.

HERMANA.- Dicen que no entienden casi nada de lo que dices, que mezclas las palabras, las asignaturas...

HIJO.- ¿Qué?

HERMANA.- Se rumorea que van a poner una queja en dirección.

HIJO.- ¿Qué? Primera noticia que tengo.

Pausa.

HIJO.- ¿Y me entero por ti? ¿Quién es tu amigo?

Silencio.

HERMANA.- Una queja no va a ningún sitio... Los alumnos quieren poner quejas todos los días... Yo era de esas. Parece que en dirección creen que deberías descansar un tiempo antes de volver...

HIJO.- Y me entero por ti.

HERMANA.- ¿No sabías nada? Me lo han contado por amistad.

HIJO.- Ya. Por amistad.

HERMANA.- Creo que hablarán contigo pronto.

HIJO.- Me he cogido la jaba... la baja. ¿No es suficiente?

MADRE.- Te habrán llamado por eso, me imagino.

HIJO.- No, qué va, el jefe de departamento me llamaba porque estaba preocupado. Somos amigos. No me ha dicho nada de eso.

Pausa.

MADRE.- ¿Qué te está pasando, Daniel?

HIJO.- ¿Qué dices? Nada.

Pausa.

HIJO.- Nada. De verdad.

MADRE.- Esos son los problemas que tienes en el trabajo, ¿verdad? Sabes que callarte las cosas nunca fue bueno. ¿Qué te pasa?

Pausa.

HIJO.- Que tengo muchas ganas de llorar y no sé cómo ni con quién.

reñir

Del lat. *ringi* 'gruñir, rabiar', 'enojarse'

1. Reprender o corregir a alguien con algún rigor, amenaza, arma de fuego, tractores o violencias varias.

2. Contender o disputar altercando de obra o de palabra, es decir, con insultos tipo: hijo de CENSURA.

3. Desavenirse, enemistarse, encabronarse.

El cielo está encabronado, quién lo desencabronará, el desencabronador que lo desencabronare buen desencabrona...

Unos días más tarde.

Cocina.

A contraluz.

MADRE.- ¿Qué ha pasado?

PADRE.- No funciona.

MADRE.- Bueno, es un cacharro viejo, es normal que se estropee, a todos los cachivaches con muchos años les pasa.

PADRE.- Pero no funciona.

MADRE.- Ay, chico, déjamelo ver.

PADRE.- ¿Qué?

MADRE.- No sé cómo te ha aguantado tanto este trasto. Ya no vale para nada.

PADRE.- No funciona.

MADRE.- Ya nadie tiene de estos. Mejor tirarlo y cambiarlo por uno nuevo.

PADRE.- ¿Qué?

MADRE.- ¿Qué que?

PADRE.- ¿Qué has hecho tú?

MADRE.- Nada. Sólo he mirado la batería, no sé cómo funciona. Es viejo, mejor comprar otro.

PADRE.- ¿Qué has hecho?

MADRE.- Que no sé cómo funciona, tranquilo, mañana iremos a la tienda.

PADRE.- ¿Qué has hecho?

Pausa.

MADRE.- Yo no he hecho nada. Mañana vamos a la tienda y preguntamos cómo funciona ese trasto viejo. Seguro que hay que comprar uno nuevo, los viejos ya no funcionan.

PADRE.- ¿Qué has hecho, COJONES, qué has hecho?

Silencio.

Silencio.

Silencio.

MADRE.- A mí nadie me grita.

Silencio.

El padre empieza a llorar a moco tendido.

Silencio.

Silencio.

Silencio.

PADRE.- Soy bobo, lo siento.

Él abraza a la mujer.

Ella no.

MADRE.- A mí nadie me grita.

Él sigue llorando.

Silencio.

Silencio

MADRE.- No te preocupes, cariño, mañana iremos a la tienda y compraremos uno nuevo.

nada

No hay tiempo.

Cocina.

Un abrazo.

Tal vez música y luces de neón.

MADRE.- Nunca antes me había chillado. ¿Qué tenía que hacer yo?

HIJO.- No sé.

MADRE.- Nunca antes le había visto llorar así. ¿Qué tenía que hacer yo?

HIJO.- No sé.

MADRE.- Pues por una vez podías saber, coño.

AB

más vale buen callar que mal hablar

Anoche el árbol tendido en el suelo me pidió que me acostase a su lado sobre el musgo húmedo y lechoso.

Dudé por un momento, pero no tenía nada que perder.

Un moribundo siempre llama a otro moribundo.

Me acurruqué junto a él con mis enormes katiuskas verdes de plástico y mi chubasquero de asesino en serie.

Arrebujándome con sus últimas hojas, me hice un huequecito entre el liquen, los hongos y las telarañas que invadían el salón.

Apenas se divisaban ya los diccionarios y los libros de gramática.

En aquel silencio notaba su respiración ancestral junto a mí como un vaho espeso y dulce; en ese tiempo detenido se escuchaba cómo se hacían uno los pensamientos de ambos.

Quise decirle: TE QUIERO, pero de mi boca solo salió el gorjeo agudo de una grulla.

De pronto el árbol me susurró algo al oído: cuidado, no confundas la metodología con el marco teórico.

Desperté del sueño sobresaltado, sudando... y me puse a consultar AFASIA en el ordenador.

Entonces comprendí mejor a mi padre.

Desde ahora todo podía ser... o no.

Cerilla puede ser cucharilla.

Periódico puede ser cuchillo.

Móvil puede ser coche.

La mesa puede ser la cama.

Abrir es subir, cerrar es apagar.

Una vocal puedo ser cualquier vocal.

Las palabras pueden ser igual de enigmáticas en cualquier idioma. No importa.

Las frases son cortas o... las frases no... frases no... se acaban... NUNCA.

No existen los verbos complejos.

No existen las formas complejas.

No existe un pensamiento complejo.

¿Quién? Es una pregunta peligrosa.

Porque *tú* siempre puede interpretarse como *yo*, *yo* como *él*, *él* como *tú*...

Mover... cenar... soñar. Ahí está el dilema.

No hay comunicación. Pero sí hay muchas, muchísimas palabras.

Por eso todo puede ser... o no.

Y yo quiero que el árbol me entienda, aunque solo sea en sueños.

Que podamos tener una conversación normal, con café y galletas:

una conversación sobre raíces, ramas y hojas.

Te añoro, papá.

cabezón

De cabeza y -ón.

1. Terco, obstinado, que no da la cabeza a torcer.

2. Que tiene la cabeza llamativamente grande.

3. Dicho de una bebida alcohólica: Que se sube a la cabeza, anda chaba, chube, chibe. Hip, hip, hip.

A la mañana siguiente.

Salón.

Padre e hijo.

HIJO.- ¡Eres un cabezón!

PADRE.- Sí, soy bobo.

HIJO.- No he dicho eso, no digas eso, no he dicho eso, no me hagas chantaje emocional.

PADRE.- No te entiendo. Hablas deprisa.

HIJO.- Entiendes lo que quieres.

PADRE.- No entiendo lo que dices.

HIJO.- Es-cu-cha: tie-nes que du-char-te.

PADRE.- No quiero.

HIJO.- Ma-má ha di-cho que lo ha-ces so-lo sin pro-ble-ma. Luego yo limpio lo que haya que limpiar.

PADRE.- No quiero. No te entiendo. ¿Dónde está tu madre?

HIJO.- Ay, está tomando café con una amiga. Necesita despejarse. Si quieres algo yo estoy aquí.

PADRE.- ¿Tu madre me ha dejado? ¿Se ha ido? ¿No va a volver? Soy bobo.

HIJO.- No digas eso ni de broma, ¿vale?

Pausa.

HIJO.- ¿Vale?

PADRE.- Vale.

Silencio.

HIJO.- Papá... Vamos a tranquilizarnos. Escúchame un momento: ahora voy a vivir una temporada con vosotros.

PADRE.- ¿Quién?

HIJO.- Yo.

PADRE.- ¿Yo?

HIJO.- Tú no, yo. Yo voy a vivir un tiempo con mamá y contigo.

PADRE.- ¿Tú?

HIJO.- Sí.

PADRE.- Ah.

Pausa.

PADRE.- Nerea.

HIJO.- Papá, no me jodas.

PADRE.- Daniel.

HIJO.- Y cuando mamá quiera irse a tomar café con una amiga, yo estoy aquí para cuidarte, ¿vale?

PADRE.- Vale.

Pausa.

PADRE.- No quiero ducharme.

HIJO.- Tienes que ducharte.

PADRE.- No quiero.

HIJO.- Pues no lo hagas, joder.

PADRE.- ¿Qué?

HIJO.- ¡Nada, nada!

Silencio.

Los dos en el sofá.

HIJO.- Oye, papá, tengo una pregunta.

PADRE.- ...

HIJO.- Cuando quieres decir algo y no te sale. ¿Qué pasa? ¿Qué pasa por tu cabeza?

PADRE.- No entiendo.

HIJO.- Que me gustaría saber qué se siente cuando quieres ex-pre-sar-te y no en-cuen-tras la pa-la-bra ade-cua-da o cuando la que sale no es la que querías decir.

PADRE.- No entiendo.

Pausa.

HIJO.- ¿Seguro?

Pausa.

HIJO.- ¿Seguro que no entiendes?

PADRE.- Miedo. Siente miedo.

Pausa.

HIJO.- ¿Sabes? Yo también tengo mucho miedo.

PADRE.- Mi niño. ¿Tienes miedo? ¿Te canto... algo? ¿Quieres?

HIJO.- Papá, no...

PADRE.- Se me olvidan letras, pero sé alguno.

HIJO.- Vale, como quieras.

El hijo en el regazo del padre.

El padre canta.

PADRE.- Las cosas van a pasar, aunque no lo desees.

HIJO.- Es un buen consejo, papá, pero eso no me quita el miedo.

PADRE.- ¿Qué te ocurre?

HIJO.- Papá, ¿te puedo contar un secreto?

PADRE.- ¿Secreto?

HIJO.- Pero, no le puedes decir nada a mamá, ¿me lo prometes?

PADRE.- Chitón. Mepro. Promeso, yo.

Pausa.

HIJO.- Creo que estoy enfermo.

PADRE.- ¿Estás malo? ¿Tienes frie, friebre? A ver...

HIJO.- No, no es eso.

PADRE.- ¿Te duele la cabeza?

HIJO.- Algo así.

PADRE.- Pobrecito mi niño, que le duele cabeza, ¿te canto más?

HIJO.- Claro, papá, haz lo que quieras.

desvincular

1. Cuando no quieres saber nada de otra persona.

2. Lavarse las manos, con o sin jabón. Como Pilates, digo Pilatos.

Abandonó la ciudad, pero nunca se desvinculó de ella, ni de sus familiares, ni de sus enfermedades.

Dos días después.

Balcón.

Noche.

Silencio.

HIJO.- ¿Tenemos otra vez conversación de hermanos?

HERMANA.- ¿Cómo sabes?

HIJO.- Obvio. Me has sacado aquí al balcón casi a la fuerza...

HERMANA.- Mamá no me deja fumar dentro de casa.

HIJO.- Has puesto a papá a ver el fútbol y mamá está con el armario que lleva meses queriendo ordenar.

Pausa.

HERMANA.- Vale, está bien, sí, tenemos que hablar.

HIJO.- Bueno, si no es muy largo. Tengo que madrugar mañana.

HERMANA.- ¿Y eso?

HIJO.- Creo que me van a llamar del médico a primera hora y necesito estar espabilado.

HERMANA.- ¿El médico? ¿Qué médico?

HIJO.- Bueno, parece que los dos tenemos cosas que contarnos. ¿Empiezas tú?

Pausa.

HERMANA.- Está bien. Sabes que mi marido es australiano, ¿verdad?

HIJO.- Claro que sé que tu marido tiene doble nacionalidad, me lo restriega en cada comida familiar. Como si el hecho de haber nacido en Australia le confiriese algún tipo de privilegio especial.

HERMANA.- ¿Conferir? Por favor, no seas pedante.

HIJO.- Lo que quiero decir es que se cree mejor que los demás. Incluso se cree mejor que tú, aunque él no sepa lo que quiere decir la palabra *conferir*.

Pausa.

HERMANA.- Bueno... A lo que íbamos...

HIJO.- A lo que íbamos.

HERMANA.- La cuestión es que antes de que le pasase esto a papá, Willy y yo...

HIJO.- Cada vez que llamas *Willy* a tu marido Guillermo, recuerdo los libros en los que había que buscar a un tipo con jersey de rayas, ¿te acuerdas?

HERMANA.- Qué bobo eres.

HIJO.- Jugábamos de pequeños.

HERMANA.- ¿Puedo seguir?

HIJO.- Perdona, perdona... Estabas hablando de algo importante, ¿verdad?

HERMANA.- Willy y yo habíamos planeado pasar un año entero en Australia.

HIJO.- ¿Ah, sí?

Pausa.

HERMANA.- A él le han ofrecido un traslado en su empresa y yo puedo trabajar un tiempo online. Con lo de la doble nacionalidad todo es mucho más fácil hoy día.

HIJO.- Claro, claro.

Pausa.

HERMANA.- Lo teníamos decidido, pero ahora no sabemos muy bien qué hacer.

HIJO.- ¿Y eso?

HERMANA.- Por lo de papá.

HIJO.- Ah, claro, por eso...

Silencio.

HERMANA.- El caso es que ya teníamos a los chicos matriculados en un colegio carísimo y...

HIJO.- Y no os devuelven el dinero, no me digas más.

HERMANA.- Eso es. Con lo que iban a mejorar en el inglés.

Pausa.

HERMANA.- Y habíamos pensado que ahora estando tú aquí...

HIJO.- Que yo podía hacerme cargo de todo.

HERMANA.- Eso es. Ya le dije yo a Willy que lo entenderías a la primera.

HIJO.- Ves tú.

HERMANA.- Pero, sería sólo durante un año.

HIJO.- ¿Sólo un año?

HERMANA.- Luego podría alargarse, pero la idea es volver en un año. Yo no quiero quedarme a vivir allí.

HIJO.- ¿Ah, no? Con lo bonito que debe de ser Australia con los koalas, los canguros, la gente que huye de los problemas...

Silencio.

HERMANA.- También he hablado con mamá lo de mirar una residencia para papá, que ella todavía es joven, que puede hacer muchas cosas...

HIJO.- ¿De eso también habéis hablado en este tiempo? Todo lo que me pierdo.

HERMANA.- Pero no quiere.

HIJO.- Ya, me imagino.

HERMANA.- Pero estando tú aquí; además como estás en su casa... ¿entiendes?

HIJO.- Sí, lo voy interiorizando poco-a-poco.

HERMANA.- Ojo, que tú también puedes hacer tu vida. Además yo siempre voy a estar ahí, sabes que con las nuevas tecnologías podemos hacer una videollamada cuando queráis.

Pausa.

HIJO.- ¿Me estás pidiendo permiso para algo?

HERMANA.- Bueno, más bien informando de lo que va a ocurrir en unos pocos meses. ¿Cómo lo ves?

HIJO.- Cojonudo.

HERMANA.- ¿De verdad?

HIJO.- Claro. Mi sobrinos tienen que conocer mundo.

HERMANA.- Ah, vaya, sí. No lo esperaba. Pues qué bien que estemos de acuerdo, hablaré con Willy ahora mismo. ¿Y tú qué me decías de un médico al que habías ido?

HIJO.- Ah, eso, nada. ¿Recuerdas que llegué unos días tarde a lo de papá?

HERMANA.- Claro, tienes problemas en el trabajo.

HIJO.- No era eso exactamente.

HERMANA.- ¿Entonces?

HIJO.- Estoy haciéndome unas pruebas médicas.

HERMANA.- ¿Pero te pasa algo?

HIJO.- Me han diagnosticado alzheimer.

HERMANA.- Déjate de humor negro, prefiero tu pedantería a tu humor negro.

HIJO.- No, no es broma, estoy esperando los resultados, dicen que es alzheimer precoz. Estaría bien que te hicieses algunas pruebas antes de irte al otro lado del mundo. Puede ser genético.

sabio es el que poco habla y mucho sabe

Hoy he soñado que me faltaba una mano y le enseñaba orgulloso mi muñón a la gente.

Me falta esto... por eso no puedo hacer eso.

Ya no sueño con el árbol y lo añoro.

Ha desaparecido.

Tal vez porque casi no duermo.

Tal vez porque mi lengua se ha convertido en raíz, rizoma, boniato.

Incapaz de articular palabras.

Mejor callar.

Silencio.

Repito lo que ya han dicho personas más sabias que yo.

Pero en el lenguaje no hay certezas.

Si yo digo cuchillo, CUCHILLO o cuchillito. ¿Qué cambiaría?

¿El tamaño de la herida que me hago en el costado?

¿Y si lo digo diez veces?

No lo voy a hacer. Es cuestión de estilo.

Mejor callar, ¿verdad?

Un mundo mudo sería maravilloso.

Silencio.

Aunque podría llenar todo de citas de gente ilustre.

Un grafiti de citas escritas con la sangre de mi costado.

Mejor escuchar, pero ¿escuchar a quién?

¿Escuchar a Dios? ¿A qué Dios?

Puedes meter la mano en mi costado.

Silencio.

Escucho de mi padre...

palabras sin sentido,

aunque lo entiendo todo

por comunicación paternofilial...

¿Entonces?

¿Para qué seguir escribiendo?

Farfffullar es suficiente...

Lo dijo el apóstol cual... en el versículo tal...

Claro, eso era todo.

Eso era suficiente.

Para qué una palabra más.

Mejor callar, sin duda.

Silencio.

matriarcado

1. Término inventado que alude a un supuesto orden social primitivo en el que las mujeres cortaban el bacalao en casa. *Ama-lehentasun, ama-lehengo.*

Etxean aitak agintzen, amak badu permititzen.[1]

De madrugada.

Cocina.

Susurros.

MADRE.- ¿Cuándo te lo ha contado?

HERMANA.- Antes, en el balcón.

MADRE.- Y ahora esto.

HERMANA.- Sabíamos que algo no iba bien, mi hermano es un desastre, pero adora a su padre. Le han dado la baja por enfermedad a él... no tiene nada que ver con el ictus de papá.

MADRE.- Ya decía yo.

HERMANA.- No te preocupes, no hay nada seguro todavía, además existen tratamientos...

MADRE.- Todo a la vez.

Pausa.

HERMANA.- Mamá.

---

1 En casa manda el padre, si lo permite la madre.

MADRE.- ¿Qué?

HERMANA.- Voy a anular el viaje a Australia y yo me voy a encargar de todo, tranquila.

MADRE.- ¿Quién está hablando ahora de eso?

HERMANA.- ¿Y de qué estamos hablando si no?

Silencio.

MADRE.- Cuando pasó lo de papá no te echaste para atrás.

HERMANA.- Entonces pensé en que Dani podría... Bueno, qué más dará ya.

Pausa.

MADRE.- Tú tienes que irte, para eso no hay vuelta de hoja. Pero esta casa se nos queda demasiado pequeña para tanto enfermo. Hay que buscar una solución.

HERMANA.- ¿Y qué se te ocurre?

MADRE.- ¿Cuándo tiempo dices que estaréis fuera?

HERMANA.- Yo vuelvo en un año.

MADRE.- Vale, entonces me tendré que encargar yo de todo.

HERMANA.- Él y los niños si quieren quedarse allí que se queden.

MADRE.- Qué opciones hay...

HERMANA.- Habíamos planeado este viaje solo pensado en el ascenso de Willy en el trabajo...

MADRE.- Lo de traer una cuidadora, es que no lo veo.

HERMANA.- También en que los niños en cinco años más o menos podrían tener doble nacionalidad, que sería bueno para su futuro.

MADRE.- ¿Y una residencia?

HERMANA.- Pero en esta mierda de proceso en ningún momento he pensado en mí misma, solo en ellos tres.

MADRE.- ¿Los admitirían a los dos en una misma residencia? Juntos serían tan felices.

HERMANA.- Creo que no quiero ir al culo del mundo con todo lo que está pasando aquí.

MADRE.- ¿Y si me los cargo a los dos y nos quitamos el problema de encima?

Pausa.

HERMANA.- Pero, mamá, por favor, ¿qué dices?

MADRE.- Ya, ya, tranquila, que no me he vuelto loca de repente. Solo es que estoy intentando asimilar lo que me acabas de contar y tú no dejas de parlotear de tu puto viaje...

Silencio.

HERMANA.- Lo siento, mamá.

MADRE.- ¿Sabes que te voy echar mucho de menos?

HERMANA.- ¿De verdad?

MADRE.- Claro que sí, boba, con quién voy a discutir a partir de ahora.

HERMANA.- Ay, mamá.

MADRE.- ¿Me ayudarás a mirar residencias? Lo de navegar por internet se me da fatal.

No hay tiempo.

No hay lugar.

Otro abrazo.

Sí, música seguro.

Y un baile.

MADRE.- ¿Y en tu trabajo ya lo saben?

HIJO.- No. Algo sospechan, como nunca me pongo enfermo.

MADRE.- ¿Y qué vas a hacer?

HIJO.- No sé. Esperaré a que estén los resultados definitivos.

MADRE.- ¿Por qué no nos habías dicho nada antes?

HIJO.- No sé.

MADRE.- Pues por una vez podías saber, coño.

Otro abrazo.

hogar

1. Causar la muerte de una persona o un animal por asfixia. Ah, no, que le falta la A inicial.

2. Ambiente familiar que se desarrolla en la vivienda habitual, es decir, broncas, llantos de niños, desorden...

Días después.

Salón.

Cuatro personas.

Reunión.

HIJO.- ¿De qué va esto?

HERMANA.- Asamblea familiar.

HIJO.- Ya veo.

PADRE.- Qué bien, todos juntos.

MADRE.- Nos hemos reunido, porque Nerea y yo hemos decidido...

PADRE.- ¿Y el café?

HERMANA.- No hemos decidido nada, solo hemos pensado.

MADRE.- Hemos decidido.

HERMANA.- Mamá, por favor, no digas eso.

HIJO.- Muy bien, papá, en las reuniones familiares no puede faltar el café...

MADRE.- Esto no es una reunión al uso.

HIJO.- Y si hay galletas, mejor.

PADRE.- ¿Hay galleta?

MADRE.- No le líes, Dani, no hay café ni galletas. Hemos venido a hablar.

HIJO.- Dirás que ya estamos hablando, ¿no?

MADRE.- Bueno, estamos aquí para que me escuchéis.

HIJO.- Hay que joderse.

PADRE.- Vaya, no hay galleta.

HERMANA.- Tranquilo, papá, luego te hago algo.

PADRE.- ¿Chocolate?

HERMANA.- Ya veremos.

MADRE.- ¿Os queréis callar todos?

Silencio.

MADRE.- Esta situación es insostenible.

HIJO.- ¿Qué situación?

HERMANA.- Mamá, estás siendo muy dura.

MADRE.- Déjame hablar a mí, ¿vale? Yo no me puedo hacer cargo de los dos.

HIJO.- ¿Y quién te ha pedido que lo hagas? Yo estoy bien.

Pausa.

MADRE.- En unos meses tu hermana se va y según tu médico cada vez vas a estar peor. Tal vez sea lento, pero será progresivo. No nos pueden asegurar nada.

HIJO.- ¿Cuándo has hablado tú con mi médico?

MADRE.- Ayer, por teléfono.

HIJO.- ¿Quién te da derecho?

MADRE.- Ser tu madre me da derecho, ¿entiendes? Y también el hecho de que seas un guarro y dejes todo tirado por todas partes, así sé fácilmente a qué personas tengo que llamar.

HIJO.- ¿Y dónde queda la ética?

MADRE.- ¿La mía? ¿O la de tu médico? La gente se preocupa por ti...

HIJO.- Cuanto cinismo.

MADRE.- No hemos venido aquí a discutir, queremos lo mejor para cada uno.

HIJO.- ¿Y quién decide qué es lo mejor para cada uno? ¿Vosotras?

PADRE.- ¿Qué pasa? No entiendo.

HERMANA.- Tranquilo, papá. Yo te explico después.

HIJO.- Sí, explícale que somos una carga en esta casa.

HERMANA.- Eso no es verdad.

HIJO.- ¿Y tú qué ganas estando aquí? ¿No te ibas a Australia? Pues vete.

HERMANA.- Yo no gano nada, estoy apoyando a mamá...

PADRE.- ¡Qué jaleo! ¡Cuánto ruido!

HERMANA.- ¡Ay, pobrecito! Tú no te preocupes, papá.

PADRE.- ¿Puedo cantar algo?

HIJO.- Claro, papá, canta.

MADRE.- Eres un liante, Dani.

PADRE.- *Sestaba señor Don Gato.*

MADRE.- Ya vale de actuar como si no ocurriese nada.

HIJO.- Yo vine aquí por papá, para escuchar estas cosas, mejor me voy a mi piso.

MADRE.- No puedes vivir solo, ya no.

PADRE.- *Sentadito en su tejado.*

HIJO.- ¿De dónde te sacas eso?

MADRE.- Tu médico asegura que en cualquier momento puedes empezar a perder facultades, que podría ser peligroso dejarte solo ahora...

PADRE.- *Marramiamia-miau-miau.*

HIJO.- ¿Tan pronto?

MADRE.- Tan pronto.

PADRE.- *Sentadito en suuu tejaa...*

HIJO.- ¡Cállate, papá, joder!

Silencio.

PADRE.- Me ha riñido.

HERMANA.- No te ha reñido, solo está nervioso.

PADRE.- Sí, me ha riñido.

HERMANA.- Pídele perdón, que está muy sensible.

HIJO.- Perdona, papá, no quería gritarte.

PADRE.- Nada, bonito mío. Ya no canto más.

Silencio.

HIJO.- Está bien. Os escucho. ¿Qué habéis *decidido*?

MADRE.- Yo no os puedo cuidar a los dos.

HIJO.- Lo sé. Nadie te lo ha pedido.

MADRE.- Soy mayor.

HIJO.- Eso también lo sé.

MADRE.- Estos últimos días hemos estado mirando residencias... Hay muchas, privadas, son caras.

HIJO.- ...

MADRE.- Tengo unos ahorros. Lo que te quede a ti de... Y la casa de los abuelos que se puede vender.

Pausa.

MADRE.- Pero, tengo que decidir... Con quién de los dos me quedo.

HIJO.- ¿Cómo? ¿Piensas quedarte con uno de nosotros?

PADRE.- Bueno, va a haber café, ¿sí o no? Si no me voy a ir a la venera a picar algo. No entero nada.

HIJO.- Esto no es justo para nadie. Y menos para ti. Me voy yo, claramente, todavía puedo elegir qué hacer con mi vida: irme a una residencia o... pegarme un tiro.

No hay tiempo.

No hay lugar.

Otro abrazo.

Suena Leonard Cohen.

Bola de discoteca.

Baile.

MADRE.- ¿Estás seguro de lo que haces?

HIJO.- No. Pero nos veremos todos los días, ¿verdad?

MADRE.- ¿Dejarás de hacer chistes malos?

HIJO.- No lo sé, espero que sea lo último que me quite la enfermedad.

MADRE.- Pues por una vez... los haré yo por ti, coño.

Más abrazos.

Baile.

Bola de discoteca.

maleta

1. Especie de caja provista de un asa que sirve para llevar de viaje todo aquello que no se puede quedar en casa.

2. Baúl de sueños imposibles.

3. Almacén de ropa interior de repuesto.

Uhajhajhahjahhjahjajajajetqeggdgvsaghfhad

Un mes después.

Unos pocos trastos apilados en la entrada.

Un adiós.

PADRE.- ¿Qué es todo eso?

HIJO.- Me voy, papá.

PADRE.- ¿Dónde?

HIJO.- Aquí cerca.

PADRE.- ¿Ya no en casa?

HIJO.- Aquí cerca.

PADRE.- Jo, eso no bueno.

HIJO.- No pasa nada, tranquilo.

PADRE.- ¿No te voy a ver más?

HIJO.- Claro que sí, hombre. Tomaremos café juntos todos los días.

PADRE.- ¿Con galleta?

HIJO.- Con lo que tú quieras.

Silencio.

HIJO.- Papá.

PADRE.- ¿Qué?

HIJO.- Nada, nada.

PADRE.- No me gusta empieces frase no acabes.

HIJO.- Solo quería decirte...

PADRE.- Mala costumbre tuya. Tengo fútbol en tele.

HIJO.- Vale.

El padre se va a ir.

HIJO.- Papá, te quiero.

Pausa.

PADRE.- Ya.

HIJO.- ¿Ya?

PADRE.- Ya lo sé, Daniel.

HIJO.- ¿Ya lo sabes?

PADRE.- Claro, bonita.

Pausa.

PADRE.- ¿Quieres ver fútbol conmigo?

El hijo llora notoriamente.

HIJO.- Vale, un rato.

PADRE.- ¿Pasa algo?

HIJO.- No, no.

PADRE.- ¿Prefieres ver tenis?

HIJO.- Tranquilo, papá, fútbol está bien.

PADRE.- ¿Sabes? Nuestro equipo va a subir a primavera.

HIJO.- ¿A primavera? ¿Con las flores? *(Pausa.)* A una nueva primavera.

Xabier López Askasibar

Nací en Estella-Lizarra (Navarra) en 1979.
Soy bilingüe y géminis. Todo muy binario. Como mi cerebro.
A pesar de mi timidez, desde muy joven el teatro me atrapó. En ello puse todas mis energías y mis
estudios. Soy cursillista profesional, ese es uno de mis grandes defectos.
En mi vida he tenido la oportunidad de trabajar como actor, payaso, titiritero, cuentacuentos,
profesor de juego dramático y mucho más... Aunque parece ser que es en la escritura dramática
donde mejor muestro mi alma y mi corazón al mundo, y es el teatro para la infancia y la juventud el
que con más cariño me ha acogido en esta andadura.
Mi futuro es incierto.

Sin embargo, creo firmemente en el café solo y sin azúcar.